Gregor Meyer

Web-Services: Konzepte, Technologien und Anwendungen in

GRIN - Verlag für akademische Texte

Der GRIN Verlag mit Sitz in München hat sich seit der Gründung im Jahr 1998 auf die
Veröffentlichung akademischer Texte spezialisiert.

Die Verlagswebseite www.grin.com ist für Studenten, Hochschullehrer und andere Akade-
miker die ideale Plattform, ihre Fachtexte, Studienarbeiten, Abschlussarbeiten oder Disser-
tationen einem breiten Publikum zu präsentieren.

Gregor Meyer

Web-Services: Konzepte, Technologien und Anwendungen im Finanzdienstleistungssektor

GRIN Verlag

Bibliografische Information der Deutschen Nationalbibliothek: Die Deutsche Bibliothek
verzeichnet diese Publikation in der Deutschen Nationalbibliografie; detaillierte bibliografische Daten sind im Internet über http://dnb.d-nb.de/ abrufbar.

1. Auflage 2002
Copyright © 2002 GRIN Verlag
http://www.grin.com/
Druck und Bindung: Books on Demand GmbH, Norderstedt Germany
ISBN 978-3-638-67647-2

Universität Trier
Fachbereich IV

Web-Services:
Konzepte, Technologien und Anwendungen

Anwendungsszenarien für Web-Services im
Finanzdienstleistungssektor: Ordnungsrahmen und
Fallbeispiele

Seminararbeit
im Fach Wirtschaftsinformatik
Wintersemester 2002 / 03

Lehrstuhl für Wirtschaftsinformatik II
Dipl. Betriebswirt Martin Müller
Lehrstuhl für Wirtschaftsinformatik

am: 30. November 2002

von: Gregor Meyer
        5. Fachsemester Wirtschaftsinformatik / BWL (WPC)

I

Inhaltsverzeichnis

Abkürzungsverzeichnis

ASCII	American Standard Code for Information Interchange
Bsp.	Beispiel
CORBA	Common Object Request Broker Architecture
DCE	Distributed Computing Environment
EDV	Elektronische Datenverarbeitung
IPO	Initial Public Offer
PDA	Personal Digital Assistant
SOAP	Simple Object Access Protocol
SSL	Secure Socket Layer
SUN ONE	SUN Open Net Environment
UDDI	Universal Description, Discovery and Integration
u.U.	unter Umständen
WSDL	Web Services Definition Language
WWW	World Wide Web
XML	eXtensible Markup Language

Abbildungsverzeichnis

1. Einleitung

Web-Services ist zurzeit in aller Munde. Jeder spricht davon, jeder sieht es als die Zukunftstechnologie schlechthin an. Doch so neu ist das Konzept dieser Technik gar nicht. In der Vergangenheit gab es bereits ähnliche Ansätze[1]. Die diversen Ziele dieser Techniken sind meist die gleichen: Verteilte Anwendungen, auf unterschiedlichen Systemen und in unterschiedlichen Programmiersprachen implementiert, sollen miteinander kommunizieren können. Techniken wie DCE, CORBA, COM und DCOM, Enterprise JavaBeans sind hier nur eine der Wichtigsten, die zu nennen sind[2].

Was aber nun macht Web-Services so besonders und warum sollte sich diese Technik eher durchsetzen als die unzähligen Ansätze der Vergangenheit? Was ist Web-Services überhaupt und in welcher Form könnte sich die Technik im Bereich der Finanzdienstleister einsetzen lassen? Diese Fragen sollen in der vorliegenden Arbeit erörtert werden.

---

[1] Vgl. Kosch, Andreas, 2002, S. 33.
[2] Vgl. Knuth, Michael, 2002, S. 13ff.

2. Techniken der Web-Services und deren Relevanz für den Finanzdienstleistungssektor

Im folgenden Abschnitt soll die Frage geklärt werden, wie Web-Services definiert sind. Dabei wird auf spezifische Sichtweisen eingegangen die insbesondere für den Finanzdienstleistungssektor eine Rolle spielen.

Was sind Web-Services?

Es gibt inzwischen unzählige Definitionen von Web-Services[3]. Eine Definition lautet hier: „Web Services sind eine Infrastrukturtechnologie zur schnellen und einfachen Integration heterogener Anwendungen"[4]. In dieser Definition wird das Umfeld der Nutzung von Web-Services und deren Technologien nicht explizit genannt. SUN, einem der bedeutendsten Anbieter und Entwickler im Gebiet Web-Services mit der Technologie SUN ONE (Open Net Environment)[5], definiert Web-Services wie folgt: „A Web service is, simply put, application functionality made available on the World Wide Web. A Web service consists of a network-accessible service, plus a formal description of how to connect to and use the service. The language for formal description of a Web service is an application of XML. A Web service description defines a contract for how another system can access the service for data, or in order to get something done. Development tools, or even autonomous software agents, can automatically discover and bind existing Web services into new applications, based on the description of the service."[6]. Diese engere Definition zeigt einen speziellen Nutzungsrahmen auf, die Nutzung im WWW.

---

[3] Vgl. Jeckle, Mario, 2002.
[4] Meyen, Sebastian, S. 15.
[5] Vgl. Sarakatsanis, Anthanasios, 2001, S. 40.
[6] Vgl. Jeckle, Mario, 2002.

3

Es ist jedoch nicht notwendiges Kriterium, dass eine Anwendung mittels Web-Service-Technologie im WWW zur Verfügung gestellt wird. Gerade im Finanzdienstleistungssektor sehen wir oftmals Anwendungen, die Web-Services lediglich im Konzern selbst nutzen, ohne einen Dienst im WWW publik machen zu wollen[7]. Verschiedene Verfasser weisen auf diesen Fakt, dass „die meisten Projekte" eher „der internen und nicht öffentlich zugänglichen Integration von Anwendungen" dienen, explizit hin[8]. Hierauf wird in den Praxisfällen noch weiter eingegangen[9].

Techniken der Web-Services
Genauso wie es bei der Definition Unterschiede gibt, gibt es unterschiedliche Quellen, welche Techniken bei Web-Services eingesetzt werden. Denn ob Web-Services explizit ein bestimmtes Protokoll nutzen muss oder Wahlmöglichkeiten bestehen ist nicht festgeschrieben. Einen guten Überblick über die bestehenden Techniken und deren Anordnung bietet die nachfolgende Darstellung:

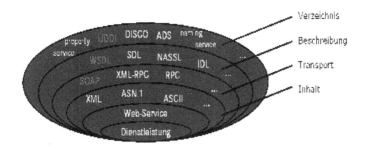

ABB. 1: ZWIEBELSCHALENDEFINITION DES WEB-SERVICE BEGRIFFS [10]

---

[7] Vgl.Craes, Michael / Oellermann, Frank, 2002, S. 95ff.
[8] Ziegler, Cai, 2002, S. 42.
[9] Vgl. Abschnitt 4.
[10] Jeckle, Mario, 2002.

Wir sehen hier, dass die Dienstleistung im Zentrum steht. Diese Dienstleistung ist auf einem bestimmten System in einer bestimmten Programmiersprache implementiert und soll anderen Systemen zur Verfügung stehen (im Internet oder innerhalb eines betrieblichen Systems). Web-Services stellt nun diese Technologie zur Verfügung, indem es eine Schnittstelle bietet, die standardisiert ist. Bei der Übertragung der Inhalte hat sich XML als Standard bereits quasi-etabliert[11].

Als Transport-Protokoll dient meist das SOAP-Protokoll, welches sich der Beschreibungssprache XML bedient[12]. Die Anfragen und Rückmeldungen werden hierbei in einen so genannten SOAP-Envelope eingefasst.

Für den Finanzdienstleistungssektor ist hierbei relevant, dass über das SOAP-Protokoll eine Identifizierung der Geschäftspartner realisiert werden kann. Dies ist besonders wichtig, wenn rechtsverbindliche Transaktionen ausgeführt werden sollen oder wenn kostenpflichtige Anwendungen zur Verfügung stehen. Die Identifizierung (bzw. Legitimation) wird realisiert über so genannte namespaces[13].

Da die Sicherheit und Transaktionalität von Web-Services ein wichtiger Faktor für die Durchsetzung von Web-Services ist, dies jedoch den Rahmen dieser Arbeit sprengen würde, sei hier auf den Artikel „Risikokanidat" von Khaled Popal hingewiesen[14].

Die im folgenden beschriebenen Techniken UDDI und WSDL dienen der öffentlichen Bekanntmachung und Beschreibung von Web-Services[15]. Diese Technologien können auch für interne Projekte verwendet werden. Da die Anwendungen jedoch meist einmal implementiert werden und die Clients nur einmal angepasst werden müssen, ist die Verwendung bisher meist unüblich.

Grundgedanke hierbei ist es, dass in einem öffentlichen Verzeichnis, ähnlich der Gelben-Seiten, die einzelnen öffentlich angebotenen Web-Services-Anwendungen dokumentiert werden[16].

---

[11] Ersichtlich aus den einzelnen Definitionen von Web-Services verschiedener Institutionen und den Implementierungs-Anleitungen diverser Fachzeitschriften.
[12] Vgl. Großwendt, Colkmar, 2002, S. 95.
[13] Vgl. Cerami, Ethan, 2002, S. 15.
[14] Vgl. Popal, Khaled, 2002, S. 78ff.
[15] Hierauf wird in den nachfolgenden Kapiteln, insbesondere im Kapitel Praxisfälle für Web-Services näher eingegangen.
[16] Vgl. Ziegler, Cai, 2002, S. 40.

Die einzelnen Anwendungen und ihre technischen Spezifikationen, wie Struktur und Aufbau des Anfrage- und Rückantwort-SOAP-Envelopes etc., sollen in einem auf XML basierenden WSDL-Dokument beschrieben werden. Damit wäre es dann technisch möglich, dass Anwendungen bei einem Verzeichnisdienst, der zentral gehostet ist, eine Anfrage zu einem bestimmten Problem stellen und dieses Verzeichnis dann alle verfügbaren Anwendungen inklusive der Beschreibung zurückgibt. Die Anwendung kann dann die Web-Services nutzen und die Ergebnisse dem User anzeigen lassen. In der nachfolgenden Grafik wird der Ablauf von einem solchen Aufruf schematisch dargestellt:

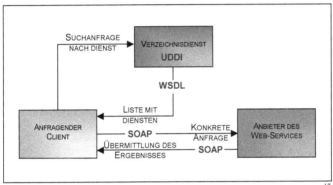

ABB. 2: SCHEMATISCHE DARSTELLUNG EINES WEB-SERVICES-AUFRUFS[17]

Anzumerken ist, dass sich alle der hier beschriebenen Techniken, SOAP, WSDL sowie UDDI, der Sprache XML bedienen. Damit ist gewährleistet, dass Basistechnologien für den Transport, wie HTTP ohne Probleme genutzt werden können. Dies hat den Vorteil, dass Übertragungsprobleme durch Firewalls eliminiert sind, da XML reiner ASCI-Text ist. Dies ist für die externe sowie die interne Anwendung von Web-Services ein nicht zu unterschätzender Vorteil im Vergleich zu anderen Lösungen, die durch Firewalls mit Problemen konfrontiert sind.

---

[17] Vgl. Ziegler, Cai, 2002, S. 40.

Interoperabilität von Standards

Es gibt zurzeit verschiedene Institutionen, die an der Realisierung von Web-Services arbeiten. Drei wichtige Technologien scheinen sich hierbei durchzusetzen[18]. Diese sind zurzeit .Net[19], Enterprise JavaBeans/J2EE[20] und CORBA[21]. Wichtig hierbei ist, sofern die Dienstleistungen in den Finanzinstitutionen auch im WWW zur Verfügung gestellt werden sollen, dass die Techniken im Bezug auf Interoperabilität miteinander kooperieren[22]. Innerhalb eines abgekapselten Projekts kann dieser Faktor vernachlässigt werden, sofern mit nur einer Technologie gearbeitet wird.

---

[18] Hofmann zur Linden, Klaus / Koschel, Arne, S. 87
[19] Microsoft
[20] SUN
[21] Object Management Group
[22] Hofmann zur Linden, Klaus / Koschel, Arne, S. 87

3. Anwendungsszenarien im Finanzdienstleistungssektor

Es wurde nun die Technologie, die hinter Web-Services steht, beschrieben und Besonderheiten im Hinblick auf den Finanzdienstleitungssektor herausgestellt. Nun soll erläutert werden, wie eine konkrete Anwendung in diesem Sektor aussehen könnte. Dabei wird zwischen der bereits erläuterten Aufteilung von internen und externen Anwendungsgebieten unterschieden.

3.1. Interne Anwendungsgebiete

Die Anwendungsfelder im internen Bereich, also innerhalb der Unternehmen selbst, sind als eher sektorenunspezifisch zu betrachten. Die Probleme von heterogenen Programmen auf heterogenen Systemen können sich bei jedem größeren Unternehmen ergeben. Gerade aber in Banken ist diese Situation oftmals vorzufinden. Die internen Anwendungsgebiete lassen sich in drei Gruppen einteilen, die im Folgenden erläutert werden.

Veraltete Technologie

Gerade in Großbanken, aber auch in Versicherungsunternehmen und anderen, sich bereits seit längerem am Markt befindlichen Unternehmen, werden oftmals veraltete Technologien verwendet. Systeme, die vor längerer Zeit angeschafft wurden, beinhalten zentral gespeicherte Daten auf einem so genannten Mainframe. Der Aufwand, die Daten in ein neueres, moderneres System zu überführen, überstieg bis heute die Kosten das System trotz seiner evtl. schlechteren Performance immer wieder anzupassen. Eine sehr häufig anzufindende Programmiersprache ist in diesem Zusammenhang COBOL. Bei jeder Änderung muss ein neues Programm geschrieben werden.

Mit der jetzt verfügbaren Technologie ist es möglich, Web-Services einmalig auf dem Mainframe zu installieren und damit das System für andere Betriebssysteme und Programme zur Verfügung zu stellen. Die Anfragen und Rückgaben würden dann z.b. in SOAP übermittelt. Ob das UDDI- und das WSDL-Protokoll Einsatz finden würden ist dabei nicht zwangsläufig.

Heterogenes EDV-System

Oftmals sind die EDV-Systeme in einem Unternehmen oder einem Konzern bzw. Verbund sehr heterogen. Ein Phänomen, das sehr häufig bei zusammengewachsenen Unternehmen, aber auch bei im Verbund organisierten Unternehmen anzutreffen ist. Es wird an dieser Stelle auf Kapitel 4 hingewiesen, wo ein solches Anwendungsszenario im Sparkassensektor beschrieben ist.

Mittels der Web-Services-Technologie können heterogene Systeme miteinander kommunizieren, ohne dass die Systeme kostenaufwendig komplett ausgetauscht werden müssen. Auch hierbei ist der Einsatz von UDDI oder WSDL dem Unternehmen überlassen.

Konzipieren von neuen Systemen

Die bisher beschriebenen Anwendungsszenarien gehen immer von bereits bestehenden Anwendungen in den Betrieben aus. Oftmals steht ein Unternehmen aber vor der Frage in welcher Form neue Anwendungen implementiert werden sollen. Web-Services dienen lediglich zur Kommunikation und Verbindung von verteilten Anwendungen. Bei der Entwicklung von neuen Systemen könnte die gleichzeitige Implementierung der Schnittstellen für Web-Services mehr Bedeutung erfahren. Die Systeme sind dann später einfacher in andere Umgebungen zu integrieren. Denkbar ist auch, dass einzelne Funktionen erst zu einem späteren Zeitpunkt über Web-Services zugänglich gemacht werden müssen.

3.2. Externe Anwendungsgebiete

Um die externen Anwendungsgebiete im Finanzdienstleistungssektor beschreiben zu können, muss der Begriff Finanzdienstleistungssektor zuerst definiert werden. Da sich jedoch bei den verschiedenen Institutionen enorme Überschneidungen bei den Dienstleistungen ergeben (sowohl eine Versicherung, ein Finanzdienstleister als auch eine Bank können Versicherungen anbieten) wird in der Arbeit so vorgegangen, dass über die Definition Finanzdienstleistung[23] die Dienstleistungen strukturiert werden. Anhand der Tätigkeiten werden dann mögliche Anwendungsszenarien beschrieben.

Eine Finanzdienstleistung ist „jede Dienstleistung finanzieller Art, die von einem Finanzdienstleistungserbringer einer Vertragspartei angeboten wird"[24]. Damit sind im Rückschluss alle Unternehmen, die diese Dienstleistungen anbieten, als Finanzdienstleistungserbringer zu definieren. Wer dabei welche Dienstleistung erbringt, ist für die vorliegende Arbeit von sekundärer Relevanz.

Zu den Finanzdienstleistungen gehören folgende Tätigkeiten[25]:

A. *Alle Versicherungsdienstleistungen und versicherungsbezogenen*
   Dienstleistungen
   1. Direktversicherung / Rückversicherung und Folgerückversicherung
   2. Versicherungsvermittlung wie Leistungen von Versicherungsmaklern und -
      agenturen
   3. Versicherungsbezogene Hilfsdienstleistungen wie Versicherungs-
      mathematik, Risikobewertung und Schadensregulierung

B. *Bank- und sonstige Finanzdienstleistungen (ausgenommen*
   Versicherungsdienstleistungen)
   1. Annahme von Spar- und sonstigen rückzahlbaren Einlagen von Kunden

---

[23] Dialoge Beratungsgesellschaft, 2001, S. 68ff.
[24] Dialoge Beratungsgesellschaft, 2001, S. 68.
[25] Vgl. Dialoge Beratungsgesellschaft, 2001, S. 68ff.

2. Ausreichung von Krediten jeder Art, einschließlich Verbraucherkredit, Hypothekenkredit, Factoring und Finanzierung von Handelsgeschäften

3. sämtliche Zahlungs- und Überweisungsdienstleistungen einschließlich Kredit- und Scheckkarten, Reiseschecks und Bankwechsel

4. Bürgschaften und Verpflichtungen

5. Geschäfte für eigene Rechnung und für Kundenrechnung an Börsen, im Schalterverkehr oder in sonstiger Form mit folgendem:

    i. Beteiligung an Emissionen von Wertpapieren jeder Art einschließlich Übernahme und Platzierung von Emissionen als (öffentlicher oder privater) Finanzmakler sowie Erbringung von Dienstleistungen im Zusammenhang mit derartigen Emissionen

    ii. Vermögensverwaltung wie Kassenhaltung und Bestandsverwaltung, alle Formen von kollektivem Anlagemanagement, Pensionsfondsverwaltung, Depotverwahrung, Auftrags- und treuhänderische Verwaltung

6. Bereitstellung und Übermittlung von Finanzinformationen, Verarbeitung von Finanzdaten und dazugehörender Datenträger von Erbringern anderer Finanzdienstleistungen

Es werden im folgenden die in der Übersicht genannten Versicherungsdienstleistungen und versicherungsbezogenen Dienstleistungen abgehandelt, bevor Anwendungsszenarien im zum Vergleich komplexeren Banken und sonstigen Finanzdienstleistungssektor aufgezeigt werden.

Versicherungsdienstleistungen und versicherungsbezogene Dienstleistungen

Die unter A.1. genannten Versicherungen bieten sich für die Anwendung von Web-Services sehr gut an. Der Bereich Versicherungen ist sehr komplex und für den Endkunden oftmals nicht überschaubar. Auf der anderen Seite ist es für kleine Versicherungsanbieter sehr schwer Kunden zu erreichen. Web-Services könnte hier so genutzt werden, dass die Anbieter die Existenz ihrer Berechnungsmodelle in ein UDDI-Verzeichnis einstellen und somit für potenzielle Kunden nutzbar sind.

Vorstellbar wäre folgendes Szenario: Ein Kunde gibt über einen Browser beispielsweise die Anfrage für eine Lebensversicherung ein. Der Client sendet dann eine Anfrage über das Internet an das UDDI-Verzeichnis. Dies wird die registrierten Eintragungen von Web-Services durchsuchen und eine Liste von auf die Anfrage zutreffenden Dienstleister incl. der WSDL-Beschreibung über das Internet zurückgeben. Die benötigten Daten, wie z.B. Geburtsdatum, Geschlecht, Krankheitshistorie, werden vom User eingegeben. Der Client kann nun die für jede Gesellschaft spezifischen SOAP-Aufrufe generieren (inkl. der zu übergebenden Parameter für die Berechnung) und diese wieder über das Internet an die Server mit den Web-Services weiterleiten. Bei jeder einzelnen Gesellschaft werden nun die Daten über Schnittstellen an die jeweiligen EDV-Systeme weitergegeben. Hierbei können die ursprünglichen Anwendungen und die verwendeten Rechnersysteme sehr heterogen sein. Liegt ein Angebot dann vor, werden die Daten wieder in ein in der WSDL beschriebenes SOAP-Format konvertiert und an den anfragenden Client zurückversandt. Dort können die zurückfließenden Daten dann grafisch aufbereitet werden und dem User, z.B. in Form von HTML, präsentiert werden.

Hier könnte der Einsatzbereich theoretisch enden. Damit wären Web-Services lediglich als Informationsmedium genutzt. Mann kann jedoch noch einen Schritt weiter gehen. Es wäre denkbar, dass der User nun unter den Angeboten das für ihn beste Angebot auswählt und erneut einen SOAP-Aufruf an das betreffende Unternehmen sendet, um damit den Wunsch eines Vertragsabschlusses zu signalisieren. Aufgrund der rechtlich sehr komplexen Bestimmungen für Vertragsabschlüsse im Versicherungswesen ist der direkte Abschluss über das Internet zurzeit noch nicht vorstellbar[26]. Entsprechende Vorschläge werden immer wieder an die EU herangetragen, eine Umsetzung erfolgte bisher jedoch noch nicht[27]. Eine Lösung wäre bis dahin das Erstellen eines unterschriftsreifen Vertrages seitens des Unternehmens und die Zusendung zur Unterschrift auf dem Postwege.

Welche Konsequenzen hätte dies nun für die Anbieter, aber auch für den Kunden? Für den Kunden würden sich enorme Vorteile ergeben, da er immer das für ihn günstigste

---

[26] Wieber, Richard, 1999, S. 3.
[27] Scheffler, Wolfram, 2001, S. 6.

Produkt wählen kann. Damit wird der Markt für ihn transparenter. Da es sich langfristig kein Unternehmen leisten kann, sein Produkt nicht über Web-Services anzubieten, ist die Gefahr, dass der Kunde nicht alle Anbieter überprüfen kann als relativ gering einzuschätzen.

Auf der anderen Seite hätte eine solch enorme Transparenz einen großen Einfluss auf die Konkurrenzsituation für die Versicherungsanbieter in diesem Bereich. Denn wenn ein Unternehmen bei jeder Kombination von Anfragemöglichkeiten nie zu den besten Anbietern gehört, ist ein Vertragsabschluss für ihn relativ unwahrscheinlich.

Die Bereitstellung eines Vergleichs aller Versicherungen wäre für Unternehmen und Berater im Bereich Versicherungsvermittlung (A.2.) ebenso sehr sinnvoll. Anfragen könnten sehr schnell abgerufen werden und wären jederzeit aktuell. Natürlich stellt sich die Frage, ob z.B. ein Finanzberater dem Kunden noch einen Mehrwert vermitteln kann, da dieser die Abfrage eigenhändig über das Internet führen könnte. Dies soll an dieser Stelle nicht weiter ausgeführt werden.

Im Bereich der Versicherungsmathematik, Risikobewertung und Schadensregulierung (A.3.) ist die Anwendung von Web-Services ebenso denkbar. Z.B. könnte ein Unternehmen der Versicherungsmathematik seine Berechnungsmodelle in Form von Web-Services über das Internet bestimmten Partnern und Kunden (in diesem Falle Versicherungen) verfügbar machen. Aufgrund der oftmals sehr individuellen Problemstellungen in den drei Bereichen ist jedoch davon auszugehen, dass eine Einführung von Web-Services nur sehr begrenzt zum Einsatz kommt.

Banken und sonstiger Finanzdienstleistungssektor

Es sollen nun Anwendungen im Banken und sonstige Finanzdienstleistungssektor erörtert werden. Die Anwendungsgebiete sind hierbei wesentlich vielfältiger als dies im Versicherungsbereich der Fall ist.

Die unter B.1. genannte Annahme von Spareinlagen ist eines der wichtigsten Gebiete für die Beschaffung von Aktiva für Banken und andere Finanzdienstleister[28]. Auf der anderen Seite steht die Mittelverwendung, die Passiva, also die Kreditvergabe (B.2.). Die Publizierung von Spar- und Kreditkonditionen wäre mit Hilfe von Web-Services sehr einfach zu realisieren. Die einzelnen Anbieter könnten sich, ähnlich wie bei der Publikation von Versicherungskonditionen beschrieben, in einem UDDI-Verzeichnis registrieren. Damit sind sie für potenzielle Nutzer (Privatkunden und Firmenkunden, darunter auch Banken und sonstige Finanzdienstleister) zugänglich. Der Kunde stellt hierbei eine Anfrage über SOAP und erhält die Rückantwort über das gleiche Protokoll. Während bei Sparleistungen keine Bonitätsprüfung durchgeführt werden muss, ist dies bei der Kreditvergabe von enormer Bedeutung. Hier kann über die Technologie der Web-Services eine Prüfung vereinfacht werden. Die erforderlichen Daten werden dann über SOAP an die Bank übergeben. Dort wird ein Rating des Kunden durchgeführt, das heute meist schon auf den EDV-Systemen der Banken vorliegt. Das Ergebnis wird dem Kunden dann wieder über SOAP übermittelt. Anzumerken ist hierbei, dass dieses Vorgehen lediglich einen informativen Charakter hat. Da die angegebenen Zahlen des Kunden (Einkommen, Zahlungsverpflichtungen etc.) sehr sorgsam auf Wahrheit überprüft werden müssen, wird ein Gang mit den Unterlagen zur Bank vorerst nicht auszuschließen sein. Vorstellbar wäre, dass in einem weiteren Schritt auch solche Informationen ausgetauscht werden können. Alle Arbeitgeber stellen eine Web-Services Schnittstelle bereit, um die Gehaltsdaten abzurufen, fremde Banken stellen einen Abruf der Kontodaten zur Verfügung. Um dies realisieren zu können. muss jedoch ein sehr sicheres Legitimationssystem implementiert werden, da die Missbrauchsgefahr als sehr hoch anzusehen ist.

Ein weiteres Problem des Vertragsabschlusses online stellt die vom Gesetzgeber vorgeschriebene persönliche Legitimation sowie die bereits angesprochene generelle Problematik des Vertragsabschlusses über das Internet dar[29,30]. Lösungen müssen hier

---

[28] Vgl. Hagenmüller, Karl / Diepgen, Gerhard, 1972, S. 253ff.
[29] Vgl. Heiring, Werner, 1996, S. 33.
[30] Vgl. insbesondere Abschnitt 2. – Techniken der Web-Services und deren Relevanz für den Finanzdienstleistungssektor.

noch gefunden werden. Solange diese nicht existieren, wird der Einsatzsatzbereich von Web-Services über den informativen Charakter nicht hinaus kommen.

Der unter B.3. genannte Zahlungs- und Überweisungsdienstleistungsverkehr wird bereits heute meist elektronisch durchgeführt. Gerade im internationalen Zahlungsverkehr hat sich das SWIFT-System durchgesetzt, welches vollelektronisch zwischen den teilnehmenden Finanzinstitutionen abgewickelt wird[31]. Im nationalen, elektronischen Zahlungsverkehr wird ein so genannter Elektronischer Schalter (ELS) der Deutschen Bundesbank genutzt.[32]

Nicht elektronische Zahlungsmittel werden sukzessive vom Markt genommen[33]. So wird seit dem 01.01.2002 der Eurocheque nicht mehr als kartengarantiertes Zahlungsmittel in Kombination mit der ec-Karte akzeptiert[34].

Es ist vorstellbar, dass der Zahlungsverkehr voll über Web-Services abgewickelt wird. Wie bereits in den vorangehenden Fällen wird die Frage der Legitimation eine sehr wichtige Rolle spielen[35]. Des Weiteren ist anzumerken, dass die hinter den zurzeit bestehenden elektronischen Abwicklungssystemen stehenden Institutionen vorerst eine Einführung ablehnen werden, da diese dadurch u.U. Einnahmequellen verlieren könnten. Gleiches gilt für den Kreditkarten-Verkehr.

Die Zahlungsformen Reisecheque und Bankwechsel sind Sonderformen des Zahlungsverkehrs. Durch deren besondere Eigenschaften müssen diese weiterhin beleghaft abgewickelt werden. Deren Verwendung ist jedoch ebenfalls in der Praxis rückläufig[36,37].

Die in Punkt B.4. genannten Bürgschaften und Verpflichtungen sind Geschäfte, die insbesondere bei der Kreditvergabe eine Relevanz besitzen. Der Einsatz von Web-Services ist in diesem Bereich u.U. machbar, jedoch nach Auffassung des Verfassers nicht ökonomisch sinnvoll. Diese Geschäfte sind keine „Massengeschäfte", wie es beim

---

[31] Vgl. S.W.I.F.T. SCRL.
[32] Vgl. Heiring, Werner, 1996, S. 165.
[33] Vgl. Heiring, Werner, 1996, S. 107.
[34] Vgl. Schweizerische Bankvereinigung, 2002.
[35] Vgl. insbesondere Abschnitt 2. – Techniken der Web-Services und deren Relevanz für den Finanzdienstleistungssektor.
[36] Vgl. Heiring, Werner, 1996. S. 141ff.
[37] Vgl. Gabler Lexikon-Redation, 1986, S.207.

15

Zahlungsverkehr der Fall ist. Es soll daher in dieser Arbeit nicht weiter darauf eingegangen werden.

Die in der Übersicht unter B.5. genannten Geschäfte für eigene und für Kundenrechnung an Börsen, im Schalterverkehr oder in sonstiger Form wurden nochmals untergliedert, um den Bereich differenzierter betrachten zu können.

Das unter B.6.i. genannte Emissionsgeschäft von Finanzmaklern ist vor der zur Zeit bereits seit längerem anhaltenden Rezession an den Aktienmärkten für private Anleger mehr und mehr interessant geworden. Da die IPOs der an den Markt kommenden Unternehmen bei verschiedenen Banken und Institutionen durchgeführt werden können, ist es für den Anleger interessant, wer welche Neuemissionen durchführt. Auch Emissionen auf dem Rentenmarkt sind für den Anleger zum Teil unüberschaubar. Es ist damit vorstellbar, dass diese Emissionen über das UDDI-Verzeichnis publik gemacht werden. Der Interessent, bzw. das Client-Programm, führt eine Anfrage beim UDDI-Verzeichnis durch, welche Institutionen Wertpapiere emittieren. Das Verzeichnis gibt alle zutreffenden Einträge zurück und es können SOAP-Aufrufe generiert werden. Über die Information solcher Emissionen ist die Zeichnung ebenfalls mittels Web-Services denkbar. Zurzeit können Zeichnungen bereits über die diversen elektronischen Ordersysteme der einzelnen Banken durchgeführt werden. Hierbei muss der Kunde jedoch bereits ein Depot bei dem betreffenden Finanzhaus besitzen[38]. Die vorher genannten Aspekte der Legitimation sind auch hier wieder von enormer Bedeutung[39].

Bei der Vermögensverwaltung, wie sie unter B.5.ii. genannt wird, muss man unterscheiden zwischen der Kontoeröffnung und der tatsächlichen Verwaltung. Bei der Kontoeröffnung können im ersten Schritt über Web-Services Konditionen publik gemacht werden. Die Kontoeröffnung an sich birgt wieder die bereits genannten Konflikte mit gesetzlichen Bestimmungen der Legitimation, hier insbesondere mit den Bestimmungen nach dem Geldwäschegesetz[40].

---

[38] Vgl. Consors, 2002.
[39] Vgl. insbesondere Abschnitt 2. – Techniken der Web-Services und deren Relevanz für den Finanzdienstleistungssektor.
[40] Vgl. Heiring, Werner, 1998, S. 54ff.

16

Erfolgt die Einzahlung der Vermögensgegenstände nicht physisch, so können die Techniken des bargeldlosen Zahlungsverkehrs genutzt werden[41]. Erfolgt die Einzahlung physisch, können Web-Services lediglich informelle Aufgaben erfüllen.

Im Bereich der Bereitstellung und Übermittlung von Finanzinformationen (B.6.) ist die Anwendung von Web-Services-Technologien sehr gut vorstellbar. Da Informationen elektronisch übermittelt werden können, ist dies über die Techniken des Web-Services sehr einfach möglich. Beispiele für solche Informationen und deren Anbieter sind Wertpapierkurse, festgestellt von den jeweiligen Börsen[42], und Nachrichten-informationen, zusammengestellt von Nachichteninformationsdiensten[43]. Die Bezahlung der Dienste hängt hier wieder sehr eng mit der Legitimation zusammen, die bereits besprochen wurde[44].

Besondere externe Anwendungsszenarien

Im Bereich des Bankensektors ist zu beobachten, dass Banken nicht nur ihre eigenen Produkte vertreiben sondern sich mehr und mehr dem Markt öffnen. Die Verrechnung erfolgt über Provisionszahlungen. So ist es z.B. bereits heute möglich, bei diversen Banken konzernfremde Fonds und Finanzprodukte zu beziehen[45].

Besonders interessant sind hierbei so genannte Abwicklungsplattformen, bei denen sich einzelne Banken und Institutionen zusammenschließen und über eine Internet- oder Intranet-Plattform Fremdgeschäfte abwickeln können[46].

---

[41] Vgl. dazu Übersichtspunkt B.3.
[42] Vgl. Deutsche Börse AG, 2002.
[43] Vgl. Deutsche Presse Agentur GmbH, 2002.
[44] Vgl. insbesondere Abschnitt 2. – Techniken der Web-Services und deren Relevanz für den Finanzdienstleistungssektor.
[45] Vgl. SEB AG, 2002.
[46] Vgl. Dümmler, Patrick / Goubin, Isabelle / Schmuki, Daniel, 2000, S.13.

17

Web-Services könnten hierbei das Kommunikationsmedium darstellen. Die Plattformen wären dann sehr flexibel gestaltbar, gerade im Bezug auf Beitritt und Austritt von Institutionen aber auch beim Einstellen und Absetzen von neuen bzw. alten Produkten.

Der Einsatz von UDDI-Verzeichnissen wäre dann so zu verstehen, dass jede Plattform ein eigenes Verzeichnis besitzt in dem die Institutionen und deren Produkte verwaltet werden.

Auch hier ist die Legitimation und Nachvollziehbarkeit von Geschäftspartnern und Geschäftsprozessen sehr wichtig und elementar[47].

---

[47] Vgl. insbesondere Abschnitt 2. – Techniken der Web-Services und deren Relevanz für den Finanzdienstleistungssektor.

18

4. Praxisfälle von Web-Services

Es sollen nun Praxisfälle von Anwendungen der Web-Services-Technologie aufgeführt und erörtert werden. Bereits heute sind Web-Services oftmals Bestandteil vieler Architektur-Modelle bei Banken und in der Telekommunikation. Die Institutionen sind nun dabei diese Modelle in ersten Projekten und Prototypen zu validieren[48]. Bei der Recherche fiel auf, dass die meisten Anwendungen im internen Bereich große Bedeutung haben. Öffentliche oder Gemeinschaftsprojekte aber sind sehr selten in der Literatur beschrieben. Dabei spielen die auch in den Anwendungsszenarien oft angewendeten UDDI- Verzeichnisse bisher noch eine untergeordnete Rolle.

Pilotprojekt der Sparkassen Informatik[49]

Anfang 2002 wurde von der Sparkassen Informatik, dem IT-Dienstleister der Sparkassen Finanzgruppe, ein Pilotprojekt ins Leben gerufen. Ziel war es, Web-Services auf ihre Anwendbarkeit im Sparkassenbereich zu überprüfen.

Bisheriger Stand war, dass rund 270 angeschlossene Sparkassen der einzelnen Verbandsgebiete auf einen zentralen Host zugegriffen haben. Der Zugriff konnte nicht mittels nativen Befehlen erfolgen, da dies die Sicherheitsanforderungen nicht zuließen. Der Mainframe wurde in Cobol programmiert und lief auf dem Datenbanksystem DB2. Eine weitere Besonderheit war, dass die einzelnen Institute mit unterschiedlichen Betriebssystemen (MS Windows NT, IBM AIX, Sun Solaris) und unterschiedlichen Programmiersprachen (Visual Basic, C, Java etc.) arbeiteten.

Bereits vor diesem Projekt wurden verschiedene Ansätze ausgetestet. Man nutzte Technologien wie COM/DCOM, CORBA und Java-Klassen. In einem nächsten Schritt wurde ein Client-Server basiertes System aufgebaut, welches bereits über XML kommunizierte. Dabei wurde ein Servlet auf dem Server bekannt gemacht, und die Programmierer konnten dann Applets programmieren, die dann Anfragen an dieses

---

[48] Vgl. Meyen, Sebastian, 2002, S. 16.
[49] Vgl. Craes, Michael / Oellermann, Frank, 2002, S. 95ff.

19

Servlet stellten. Erweiterungen, z.b. zwecks Optimierungen, waren nur schwer möglich, da oftmals die Schnittstellen abgeändert werden mussten.

Bei der Einführung der Web-Services wurde dann versucht, die Schnittstellen noch dynamischer gestalten zu können. Dies wurde mittels der WSDL erreicht, die nach Veröffentlichung des Web-Services dann online als Dokumentation jeder Institution zur Verfügung gestellt wurde.

Mit Hilfe von Generatoren wurden dann aus der WSDL entsprechende Proxy-Klassen für die einzelnen Programmiersprachen (Java, Visual Basic, .NET, C#) generiert. Die Anfragen konnten dann im SOAP-Format gestellt werden.

Die nachfolgende Grafik beschreibt nochmals die Zusammenhänge:

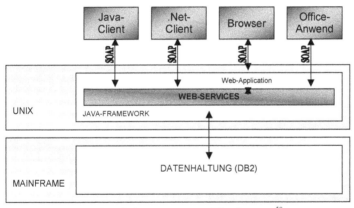

ABB. 3: ARCHITEKTUR DES WEB-SERVICES[50]

Die gemachten Erfahrungen bestätigten die Praxistauglichkeit der Technologie. Über die Web-Service-Technologien konnte den angeschlossenen EDV-Abteilungen ein komfortabler Zugang zu Funktionen und Daten auf dem Zentralrechner bereitgestellt

---

[50] Vgl. Vgl. Craes, Michael / Oellermann, Frank, 2002, S. 96.

werden. Bei einer erst jüngst vollzogenen Fusion konnten durch die neue Technologie Integrationsaufwände minimiert werden.

Es wurden aber auch Grenzen festgestellt. Die SOAP-Dokumente waren durch die notwendigen Beschreibungsinformationen wesentlich umfangreicher als die vorherigen Datentransfers. Es wurden daher Komprimierungsalgorithmen angewandt, um die Netzwerkbelastung geringer ausfallen zu lassen. Dies bedeutete wiederum einen enormen Mehraufwand für die Entwicklung. Die Anwendung eines UDDI fand nicht statt. Nach Meinung der Sparkassen Informatik fehlt es hier noch an ausreichender Standardisierung.

Bis Ende des Jahres sollen aber alle bereitstehenden bankfachlichen Funktionsbausteine (rund 250) als Web-Service implementiert sein.

Beispielprojekt eines Tarifrechners in einem Versicherungsunternehmen[51]

Ziel dieses Projektes war es, eine in der Praxis bereits eingesetzte Softwarekomponente, einen Tarifrechner eines Versicherungsunternehmens[52], zusätzlich Web-Services-tauglich zu machen. Der Tarifrechner hatte eine lange Entwicklungszeit hinter sich und wurde in der Vergangenheit den neuen Anforderungen immer wieder angepasst. Der Tarifrechner sollte nicht nur in den versicherungseigenen Anwendungen verwendet werden, sondern die Softwarekomponente sollte auch den Vertriebspartnern über das Extra- bzw. Internet zur Verfügung gemacht werden.
Damit sollten folgende Effekte erzielt werden:

1. Erhöhung der Effektivität des Vertriebs
2. Neue Funktionen aus dem Backend-System den Partnerunternehmen schneller zugänglich zu machen
3. Verkürzung der „time to market" durch unmittelbare Verfügbarkeit im Extranet / Internet.

---

[51] Vgl. Lam, Chi-Quang / Lam, Quoc Thanh, 2002, S. 66ff.
[52] Hinweis: Das Versicherungsunternehmen wurde nicht namentlich in dem Artikel genannt.

21

Bei der Umsetzung wurde SOAP als Kommunikations- und HTTP(S) als Trägerprotokoll eingesetzt. Die Sicherheitsaspekte (Verschlüsselung, Authentifizierung, etc.) wurden durch SSL abgedeckt. Die gesamte Entwicklung fand in Java statt. Für die Implementierung der SOAP-Aufrufe wurde das Apache-SOAP genutzt. Ebenso waren weitere Java- (Reflection, etc.) und XML-Technologien (XSL, etc.) notwendig.

Als Ergebnis wurde zusammengefasst, dass die hoch gesteckten Ziele in vollem Umfang erreicht wurden. Als sehr wichtig wurde herausgestellt, dass für die erfolgreiche Umsetzung entsprechend erfahrenes IT-Personal notwendig war. Diese Erfahrung wurde nicht nur auf neue Technologien bezogen, sondern ebenfalls auf die Erfahrung in den angewendeten Alt-Technologien im Backend-Bereich.

SUN-Success Stories[53]

Auf der Webseite von SUN sind diverse Success Stories der von SUN eingesetzten Technologien abrufbar. Hierunter befinden sich bereits erste Anwendungen des SUN ONE-Konzeptes[54]. Einige davon kommen aus dem Finanzdienstleistungssektor. Eines dieser Beispiele soll hier kurz vorgestellt werden.

Die BNL Multiservizi Bank, eine Tochter der BNL S.p.A (größte italienische Bank), musste einen Zugang zu ihrem Informationssystem ermöglichen. Der Zugang sollte dabei für verschiedene Techniken möglich sein, darunter Computer, Mobiltelefone und PDAs.
Die Realisierung erfolgte hierbei mittels Java (J2EE) und dem Sun ONE Rahmenkonzept, welches auf Web-Services basiert.

---

[53] Vgl. SUN Inc., 2002.
[54] Vgl. Abschnitt 2.

22

Öffentliche UDDI-Verzeichnisse

Es gibt bisher verschiedene Anbieter die ein UDDI-Verzeichnis öffentlich betreiben. Unter anderem sind dies die Firmen IBM, Microsoft, SAP und NTT-Com[55]. Auf den jeweiligen Web-Seiten kann man seinen eigenen Web-Service eintragen und administrieren oder manuell nach bestehenden Web-Services suchen. In den Bereichen Finance gibt es verschiedene Angebote, die meist jedoch nur zu Testzwecken betrieben werden.

---

[55] Vgl. Oasis, 2002.

23

5. Fazit und Ausblick

Es gilt abschließend zu resümieren, dass die Anwendung von Web-Services in fast allen Bereichen des Finanzdienstleistungssektors möglich ist. Besonders im internen Bereich werden Web-Services schon heute oftmals als die zukünftige Standardtechnologie gesehen, um verteilte und heterogene Anwendungssysteme miteinander kommunizieren zu lassen[56]. Viele Unternehmen haben bereits Architekturmodelle entwickelt, die es nun gilt umzusetzen.

Im externen Bereich ist die Anwendung von Web-Services noch nicht so ausgeprägt. Es existieren bereits UDDI-Verzeichnisse, bei denen jedoch oftmals nur Einträge zu Testzwecken gefahren werden. Das Problem der externen Anwendung von Web-Services wird von manchen Autoren darin gesehen, dass Dienste, die einen echten Mehrwert darstellen, nicht frei verfügbar gemacht werden sollen[57]. In diesem Zusammenhang spielen die in dieser Arbeit mehrmals angesprochenen Faktoren der Transaktionalität und insbesondere der Sicherheit von Web-Services eine große Rolle. Es müssen Lösungen gefunden werden, die es dann auch ermöglichen, Dienste mit Mehrwert kostenpflichtig anbieten zu können.

Da die Anwendung in internen Bereichen schnell voranschreitet und sich etabliert, werden damit Grundlagen geschaffen, womit der Schritt, diese auch extern anzubieten, nur noch ein kleiner sein wird. Wenn zu diesem Zeitpunkt dann Lösungen zur Transaktionalität und der Sicherheit gefunden sind, steht dem Siegeszug der Web-Services als grundlegende Revolutionierung der Internet-Nutzung, wie sie so oft in Artikeln beschrieben wird, nichts mehr im Wege.

---

[56] Vgl. Meyen, Sebastian, 2002, S. 16.
[57] Vgl. Meyen, Sebastian, 2002, S. 17.

24

6. Literaturverzeichnis

Internetquellen:

Consors Discount Broker AG (2002): Vorraussetzungen für Online-Broking, URL: http://www.consors.de/broking/konto_depot/voraussetzungen/ index.html.

Deutsche Börse AG (2002): Support – Listing Center, URL: http://deutsche-boerse.com/listingcenter/.

Deutsche Presse-Agentur GmbH (2002): Produkte, URL: http://www.dpa.de/de/produkte/index.html.

Jeckle, Mario (2002): Web Services, URL: http://www.jeckle.de/webServices/index.html.

Microsoft (2002): .Net, URL: http://www.microsoft.com/net.

Object Management Group (2002): CORBA, URL: http://www.corba.org.

Sun, Success Stories, URL: http://www.sun.com/finance/css.html.

Sun, J2EE, URL: http://java.sun.com/j2ee.

Marwitz, Petra (1999): Kölner Tage zum Informationsrecht, URL: http://www.kommunikationsrecht.com/Koelner%20Tage.htm.

Oasis (2002): UDDI.ORG – Universal Description, Discovery, and Integration of Web-Services, URL: http://www.uddi.org/find.html.

SEB AG (2002): Fondssparen – Produkte, URL: http://www.seb.de/frameset.php?history=/php/d3.php.

S.W.I.F.T. SCRL (2002): Company information, URL: http://www.swift.com/index.cfm?item_id=41322.

Schweizerische Bankenvereinigung (2002): SwissBanking, URL: http://www.swissbanking.org/taetigkeitsberichte-dynamic.htm?superchapterid=6.

25

Buchquellen:

Cerami, Ethan (2002): Web Services – Essentials, O'Reilly & Associates, Inc.,
Sebastopol, CA, 2002.

Dialoge Beratungsgesellschaft (2001): Bericht Finanzdienstleistungen Bonn / Rhein-
Sieg, in: Regionaler Wirtschaftsdialog, Dialoge Beratungsgesellschaft, Bonn, 2001.

Dümmler, Patrick / Goubin, Isabelle / Schmuki, Daniel (2000): Die
Informationstechnologie als Determinante des Strukturwandels
und ihre Auswirkungen auf die Restrukturierung
des schweizerischen Bankwesens, Institut für schweizerisches Bankwesen der
Universität Zürich, Zürich, ohne Jahresangabe.

Gabler Lexikon-Redaktion (1986): Lexikon Wirtschaft – 2000 Wirtschaftsbegriffe, 3.
Auflage, Betriebswirtschaftlicher Verlag Dr. Th. Gabler GmbH, Wiesbaden, 1986.

Hagenmüller, Karl / *Diepgen*, Gerhard (1972): Der Bankbetrieb – Lehrbuch und
Aufgabensammlung, 5., unveränderte Auflage, Betriebswirtschaftlicher Verlag Dr.
Th. Gabler GmbH, Wiesbaden, 1972.

Heiring, Werner (1996): Bankbetriebslehre, 9., neubearbeitete Auflage, Verlag H. Stam
GmbH, Köln, 1996.

Knuth, Michael (2002): Web Services – Einführung und Übersicht, Software & Support
Verlag GmbH, Frankfurt 2002.

Scheffler, Wolfram (2001): Steuerberatung und Reform des Steuersystems aus
betriebswirtschaftlicher Sicht im Rahmen der DATEV Open 2000: Mission
Zukunft - Neues Denken - Neue Dimensionen - Neue Ziele.

Zeitschriften:

Craes, Michael / *Oellermann*, Frank (2002): Getestet und für geeignet befunden –
Einsatz von Web Service-Technologien in einem Pilotprojekt der Sparkassen
Informatik, in: XML Magazin & Web Services, Ausgabe 1.02, 2002, S 95-97.

Großwendt, Volkmar, (2002): Gut gebettet... – SOAP DIME Direct Internet Message
Encapsulation, in: XML Magazin & Web Services, Ausgabe 3.02, 2002, S. 95-97.

Hofmann zur Linden, Klaus / *Koschel*, Arne (2002): Kommunikative Zusammenarbeit, in: XML Magazin & Web Services, Ausgabe 1.02, 2002, S. 87-94.

Kosch, Andreas (2002): Dienstleister im Netz – Web Services mit dem .NET Framework und Microsoft Visual Studio .NET, in: XML Magazin & Web Services, Ausgabe 1.02, 2002, S. 33-37.

Lam, Chi-Quang / Lam, Quoc Thanh (2002) : Fit for Web Services – SOAP in der Praxis, in: Javamagazin, Ausgabe 2.2002, S. 66-70.

Meyen, Sebastian (2002): Web Services sind heute bereits Bestandteil vieler Architekturmodelle, in: XML Magazin & Web Services, Ausgabe 1.02, 2002, S. 15-17.

Popal, Khaled (2002): Risikokanidat – Sicherheit und Transaktionalität von Web-Services, in: XML Magazin & Web Services, Ausgabe 1.02, 2002, S. 78-82.

Sarakatsanis, Anthanasios (2001): Einmaleins der Web Services, in: Java Maganzin, Ausgabe 9.2001, S. 40-44.

Wieber, Richard (1999): Der Digitale Vertragsabschluss, in: Das juristische Stichwort 1/99, Rechtsanwälte Schaefer – Kahlert – Weyand - Padberg, Hamm 1999.

Ziegler, Cai (2002): Web-Services – Schein und Sein, in: Internet World, Ausgabe Oktober 2002, S. 38-42.